Der Spiel- und Spaßbär   Lesen, Spielen, Basteln

Jutta Radel
wurde in Hamburg geboren und lebt am Zürichsee. Sie
ist Chefredakteurin einer Jugendzeitschrift. Bekannt
ist sie durch ihre zahlreichen Veröffentlichungen auf dem
Gebiet der Kinderliteratur – durch Beschäftigungsbücher und
Anthologien für jüngere Leser, Kurzgeschichten und
Kochbücher.

Angela Weinhold
wurde 1955 in Geesthacht/Schleswig-Holstein geboren und lebt
in Essen. Sie studierte Grafik-Design und ist seit 1982
als Illustratorin für Kinder- und Jugendbuchverlage tätig.

Jutta Radel (Hrsg.)

Hexen und Zauberer

Ein Mitmachbuch für Hexenschülerinnen
und Zauberlehrlinge

Mit Illustrationen von
Angela Weinhold

BENZIGER
EDITION

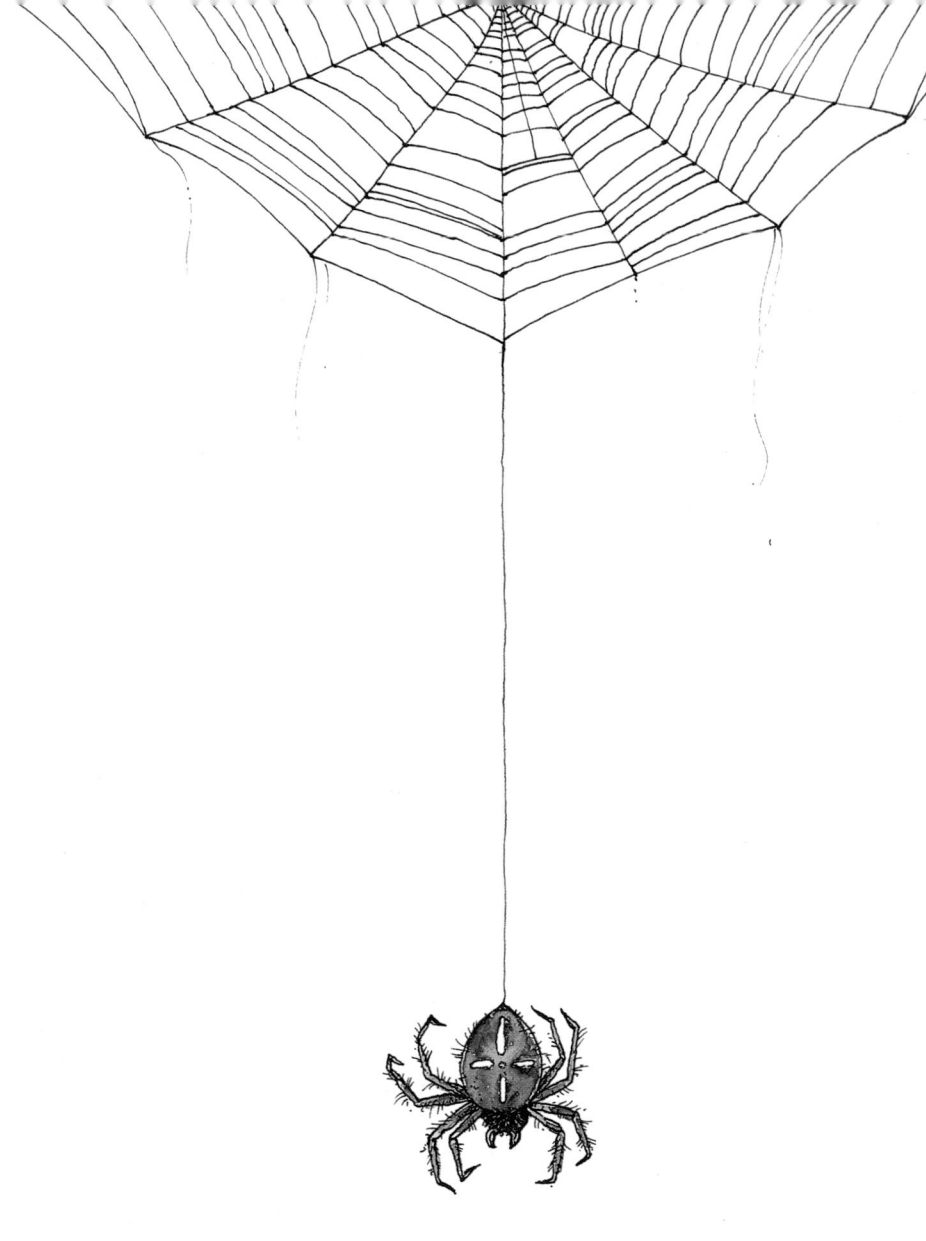

1. Auflage 1995
© Benziger Edition im Arena Verlag GmbH, Würzburg 1995
Alle Rechte vorbehalten
Einband und Innenillustrationen: Angela Weinhold
Layout: Thomas Brink
Lektorat: Georg Wieghaus
Gesamtherstellung: Westermann Druck Zwickau GmbH
ISBN 3-401-07211-0

INHALT

Vorwort

Hallo! Ich bin der Patric. Meine Freunde nennen mich aber meistens Abrakadabra, weil ich immer ein paar gute Tricks weiß.

Irgendwann werde ich mal ein ganz großer Zauberer. Aber bitte niemandem weitersagen. Das ist noch ein Geheimnis. Wie man Zauberer wird, steht übrigens in diesem Buch. Es ist das geheime Zauberbuch, das nur richtige Zauberlehrlinge lesen dürfen . . .

. . . und junge Hexen. Der Patric meint wohl, wir seien nicht so wichtig. Dabei können wir Hexen auch zaubern. Und das nicht schlecht. Dafür haben wir die Hexenküche. Und die tollste Zauber-Show ist unsere Walpurgisnacht. Das schwör' ich bei meinem Hexenbesen und beim Barte meiner Großmutter. Großmutter hat immer zu mir gesagt: »Verhext noch mal, Silvia! Wer seine Hexenhausaufgaben nicht macht, wird nie eine anständige Hexe.« Wie gut, daß es jetzt dieses Hexenzauberbuch gibt. Damit kann fast jedes Kind die verrücktesten Hexereien anstellen. Also, wir sehen uns in der Walpurgisnacht. Ciao!

Verhextes ABC

A wie   Ahnenkult. Hexen und Zauberer verehren ihre Vorfahren als Schutzgeister. Sie können diese jederzeit herbeirufen. Eine geheime Zauberformel genügt!

B wie   Besen. Der Hexenbesen gehört zur Grundausstattung jeder Hexe. Er dient ihr als Flugbesen und ist manchmal auch bei der Hausarbeit nützlich.

C wie   Crêpe mit Schoko-Madensauce. Spezialität aus einem alten Hexenkochbuch.

D wie   Dämonen. Diese unheimlichen Wesen erscheinen bisweilen in der Werkstatt des Zaubermeisters, um ihm zu dienen.

E wie   Elixier. Mit diesem Zaubertrunk werden Hexen und Zauberer so mächtig, daß sie Menschen und Tiere willenlos machen können.

F wie   fliegen. Hexen können es nicht von Geburt an. Sie lernen es in der Schule und müssen viel trainieren.

G wie   gruseln. Gehört zu jedem Hexenzauber. Wenn Zauberer und Hexen im Zauberlaboratorium so richtig loslegen, wird es selbst den Fledermäusen gruselig.

H wie   Hexenschuß. Wie ein Blitz aus heiterem Himmel schießt der stechende Schmerz in den Rücken von Erwachsenen. Das ist keine Hexerei, sondern hat was mit Haltungsschäden zu tun. Also, immer Haltung bewahren; auch wenn du in einem Zauberschloß herumschnüffelst und dabei ertappt wirst.

I wie   Irrlichter. Wenn in Sommernächten Irrlichter in sumpfigem Gelände leuchten, dann weißt du, daß kleine Hexenkinder eine Nachtwanderung machen.

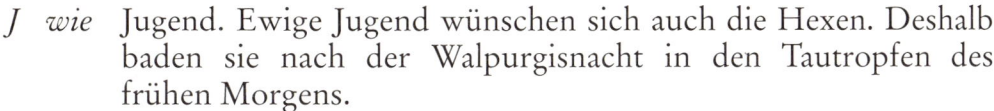

J *wie* Jugend. Ewige Jugend wünschen sich auch die Hexen. Deshalb baden sie nach der Walpurgisnacht in den Tautropfen des frühen Morgens.

K *wie* Kaffeesatz. Gehört zur Wahrsagerei. In ihm können weise Menschen und Hexen die Zukunft lesen.

L *wie* Lieblingstier. Hexen und Zauberer halten sich Haustiere, am liebsten mögen sie schwarze Katzen.

M *wie* Magie. Mit ihr versucht man, sich Wünsche zu erfüllen. Bringt sie Segen, dann spricht man von weißer Magie. Stiftet sie Unheil, so nennt man es schwarze Magie.

N *wie* Natur. Hexen und auch Zauberer sind Naturfreunde.

O *wie* Orakel. Eine Weissagung oder ein Schicksalsspruch.

P *wie* Pendel. Mit ihm können Hexen Bodenschätze finden und Krankheiten heilen.

Q *wie* Quaaak. Es soll Frösche geben, die im Märchenwald leben. Wenn man sie küßt, sollen sie sich in Prinzen verwandeln.

R *wie* Regeln. Jeder Zauberer, der seine Kunst vorführen will, muß die goldenen Regeln der Zauberkunst beherrschen. Nur dann klappt's. (siehe auf Seite 48).

S *wie* Spiegel. »Spieglein, Spieglein an der Wand . . .« Diesen Spruch sagen auch Hexen vor dem Badezimmerspiegel auf. Daran sieht man, wie eitel sie sind.

T *wie* Trick. Das weiß doch jeder: Ohne Tricks keine Zauberei.

U *wie* Unruhe. Gemeint ist ein Efeuzweig, den man früher in der Nacht vom 30. April auf den 1. Mai an die Haustür hängte, um fliegende Hexen abzuwehren. Der Zweig wurde mit sogenannten Druidensternen verziert und bewegte sich beim leisesten Luftzug wie ein Mobile.

V *wie* Vogelbeeren. Achtung! Vogelbeeren sind sehr giftig und können für Menschen tödlich sein. Hexen mixen daraus ihre Flugsalbe, mit der sie ihren Besen einreiben.

W *wie* Walpurgisnacht. Die gespenstisch-fröhliche Festnacht aller Hexen hat eine uralte Tradition. In der Nacht zum 1. Mai fliegen sie auf ihren Besen zum Blocksberg im Harzgebirge. Dort feiern sie bis zum Sonnenaufgang eine wilde Party.

X *wie* Xenologie, die Geheimlehre der Hexen.

Z *wie* Zauberkunst. Sie wird von einer Hexen- und Zauberergeneration zur nächsten überliefert. Es gibt da zum Beispiel die Formeln, die aufgesagt werden, während im Zauberkessel geheimnisvolle Kräfte und magische Zutaten brodeln.

9

Gefährten der Nacht

Vor vielen hundert Jahren, als die Menschen noch glaubten, daß Hexen und Zauberer nur Böses im Sinn hätten, da gab es viele Gerüchte über deren seltsames Treiben, und viele Menschen hatten Angst. Nur die Tiere hatten keine Furcht. Einige von ihnen gesellten sich sogar als treue Haustiere zu ihren Hexen und Zaubermeistern.

Die Krähe –
ein schwarzgefiederter Bote

Krah – krah – krah, die Stimme der Saatkrähe tönt tief und rauh. Und blau schimmert ihr schwarzes Federkleid. Diese Vögel waren vor allem bei Zauberern hoch angesehen. Sie saßen auf der Schulter ihres Meisters und hielten mit scharfem Blick Wache. Und wenn es galt, eine geheime Nachricht weiterzugeben, dann war es ein Rabenvogel, der sich mit der Botschaft im Schnabel auf den Weg machte.

Die Spinne –
eine lautlose Spionin

Nein, Angst vor Spinnen kannten Hexen nie. Sie bewunderten die geschickten Spinnerinnen, die so lautlos ihre Fallen stellen. Manche Hexe hielt sich eine Spinne als Spionin. Die versteckte sich dann im Ohr der Hexe und konnte so ihrer Meisterin alles zuflüstern, was sie sah und hörte.

Der Hase –
ein samtpfotiger Hausgenosse

Blitzschnell springt der Hase übers Feld, schlägt Haken, stellt sich auf seine Hinterläufe und steht aufrecht wie ein Mensch. Er schreit auch wie ein Mensch. Und wer eine Hasenpfote besitzt, dem soll sie Glück bringen. Das Hasenwesen gefiel den Hexen. Und so schlossen Hase und Hexe Freundschaft.

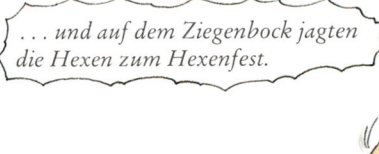

. . . und auf dem Ziegenbock jagten die Hexen zum Hexenfest.

Die Katze – Hexes Liebling

Eigentlich sind Katzen Wunder-
tiere, denn sie werden von allen
geliebt. Kinder und junge Leute,
Eltern und Großeltern, wer mag
sie nicht? Auch Hexen und Zauberer hatten immer Katzen um
sich herum. Sie nannten sie »Ver-
wandte des Mondes«. Denn die
Augen der Katzen sind am Tag
schmale Schlitze und in der
Nacht glühende Kreise. Damit,
so hieß es, könnten Katzen in die
Zukunft schauen.

Die Kröten – tanzende Wettervorhersagerinnen

Schön sind sie nicht, aber das
störte die Hexen nicht. Kröten
hatten immer ihr ganzes Vertrauen.
Kröten sind nämlich Wettervor-
hersagerinnen. Sie können weit
entfernte Gewitter hören, und sie
spüren einen aufkommenden
Sturm. Kurzum – Kröten sind zu-
verlässige Haustiere. Aus Dank-
barkeit kleideten die Hexen sie in
Samt, banden ihnen Glöckchen
um den Hals und nahmen sie mit
zum großen Hexentanz.

Die Eule – des Teufels Großmutter

Eulen erschienen bei Hexenver-
sammlungen und sollen dort Bo-
tendienste verrichtet haben. Das
war praktisch, weil sie das Tages-
licht scheuen, dafür aber in der
Dämmerung und in der Nacht
fliegen. Eulen waren den Menschen immer unheimlich; und
man sagte, daß die Großmutter
des Teufels in Eulengestalt er-
scheine. Hexen waren da anderer
Meinung.

Die Schlange – gefürchtet und geachtet

Schlangen hüteten bisweilen das
Hexenhaus. Um Neugierige
fernzuhalten, die sich in die An-
gelegenheiten der Hexen einmi-
schen wollten, eigneten sie sich
natürlich besonders gut. Von je-
her hat der Anblick einer Schlan-
ge Menschen in Angst versetzt.

Aus dem Hexenleben

Hexenalltag

Morgens früh um sechs
kommt die kleine Hex',
morgens früh um sieben
schabt sie gelbe Rüben,
morgens früh um acht
wird Kaffee gemacht,
morgens früh um neune
geht sie in die Scheune,
morgens früh um zehne
holt sie Holz und Späne;
feuert an um elf,
kocht dann bis um zwölf:
Frösche, Krebs und Fisch,
Kinder, kommt zu Tisch!

Volksgut

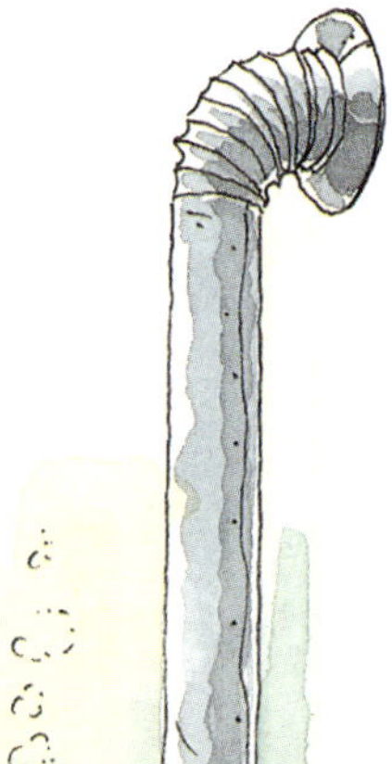

Die verrückte Nacht

In einer ganz bestimmten Nacht,
Am zweiunddreißigsten Mai,
Haben die Katzen Zaubermacht
Und alle Wünsche frei.

Der Kater Purr knöpft sein Pelzchen auf,
Ihm ist es immer so warm.
Und eine Katze namens Schnauf
Geht mit dem Hund per Arm.

Minkipunk trinkt die Milchstraße leer,
Tip-Tobby küßt eine Maus.
Und der dicke, gescheckte Per
Pustet die Sterne aus.

Mauke und Minkel lachen laut.
Wuschemusch schaukelt im Mond.
Pussi schmückt sich mit Wiesenkraut.
Pam baut ein Haus und wohnt.

In einer ganz bestimmten Nacht,
Am zweiunddreißigsten Mai,
Haben die Katzen Zaubermacht
Und alle Wünsche frei.

Gina Ruck-Pauquèt

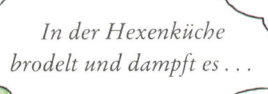

Der mißglückte Zaubertrank

Die Hexe hatte richtig schlechte Laune. Sie versuchte, einen blauen Zaubertrank zu machen. Aber es wollte ihr einfach nicht gelingen. Seit Stunden kochte und rührte sie, aber der Trank wurde immer brauner und stank immer mehr.

»Das verstehe ich nicht«, knurrte die Hexe. »Es ist alles drin, und trotzdem wird es nicht der blaue Zaubertrank.«

Sie rührte und murmelte einen Zauberspruch nach dem anderen, aber der Trank wurde nicht blau, dafür stank er immer mehr.

»Es ist wie verhext!« schrie sie und warf den Kochlöffel durch das Zimmer. Dann stampfte sie hinaus in den Wald.

Die Amsel sah sie kommen. Sie flog schnell auf einen Baum und spähte durch die Blätter hinunter. Erschrocken sah sie, daß die wütende Hexe ein Kaninchen in ein Eichhörnchen verwandelte und eine Blaubeere in einen Busch Brennesseln.

Die Amsel flog schnell durch den Wald und rief laut: »Gefahr! Aus dem Weg! Die böse Hexe treibt wieder ihr Unwesen!«

Da rannte und raschelte, flitzte und flog es nur so im Wald.

Und wer von den Tieren nicht fliehen konnte, versteckte sich schnell. Nur die Eule ging langsam den Weg entlang. Sie murmelte vor sich hin, schüttelte den Kopf und murmelte weiter vor sich hin.

»Geh nach Hause, Eule!« rief die Amsel. Doch die Eule hörte sie nicht. Da tauchte auch schon die böse Hexe auf.

Pausenlos stieß die Hexe Zauberworte hervor. Plötzlich waren die Nadeln der Fichte rot, und die Buche hatte keine Blätter mehr. Die Hexe rannte geradewegs auf die Eule zu.

»Aus dem Weg!« schnauzte die Hexe. »Hier komme ich.«

Die Eule schaute zerstreut auf. »Auch einen schönen guten Tag«, sagte sie.

»Zur Seite!« schrie die Hexe. »Oder ich verwandle dich in einen Kanarienvogel.«

Die Eule nickte. »Heute lieber nicht«, sagte sie. »Ein andermal gerne.«

Die Hexe blieb stehen und starrte die Eule verblüfft an. »Was hast du gesagt?«

»Ich habe jetzt zuviel zu tun«, sagte die Eule. »Und ich glaube, es wird bald regnen.«

Die böse Hexe holte tief Luft. »Willst du mich veralbern?« knurrte sie.

»Ich finde es auch seltsam«, sagte die Eule. »Heute morgen hat es noch so schön ausgesehen.«

14

»Hörst du überhaupt, was ich sage?« rief die Hexe und stampfte mit dem Fuß auf. »Ich verwandle dich in einen Kanarienvogel!«

»In einen Kanarien. . .« meinte die Eule nachdenklich. »Die gibt es in unserem Wald gar nicht. Aber Spechte und Kuckucke und . . .«

»Du verstellst dich doch! Du tust nur so, als ob du mich nicht verstehst!«

»Ich verstehe es auch nicht«, sagte die Eule hilflos. »Was meinen Sie bitte?«

»Brrr!« sagte die Hexe und drehte sich um. Sie verwandelte einen Stein in einen Fliegenpilz und kickte ihn mit dem Fuß weg.

Dann stapfte sie nach Hause.

Die Eule spazierte murmelnd weiter.

»Warte mal!« hörte sie jemanden über ihrem Kopf rufen. Sie schaute hoch und entdeckte die Amsel, die auf einem Zweig saß.

»Ach, du bist es. Ich hatte dich nicht gesehen.«

»Ich war hinter den Blättern«, sagte die Amsel. »Wegen der bösen Hexe.«

»Sie ist wieder heimgegangen«, sagte die Eule. »Sie hat was gefragt. Ob ich zu ihr komme zum Teetrinken, glaube ich. Und sie sucht einen Kanarienvogel.«

»Was ist denn mit dir los?« fragte die Amsel.

»Ich bin mit einem Gedicht beschäftigt«, sagte die Eule mit einem tiefen Seufzer. »Schon den ganzen Morgen. Aber es will sich einfach nicht reimen.«

Die Amsel grinste. »Hast du wirklich nicht gehört, was die Hexe gesagt hat? Sie wollte dich in einen Kanarienvogel verwandeln.«

»In einen Ka. . . Kanarienvogel?« stotterte die Eule. »Mich? Warum denn?«

Die Eule setzte sich erschrocken. Sie fächerte sich mit dem Flügel Kühlung zu. »Wenn ich das gewußt hätte«, sagte sie entsetzt. »Das hätte ja schlecht ausgehen können . . .«

Die Amsel zuckte mit den Schultern. »Es ist ja nichts passiert, oder? Aber schau doch mal, was sie angerichtet hat.« Sie zeigte auf die roten Fichtennadeln und die kahle Buche. »Wir müssen was unternehmen.«

»Ein Kanarienvogel, so was«, seufzte die Eule.

»Du bist heute ganz komisch«, maulte die Amsel. »Ich hole den Hasen. Gleich bin ich wieder da.«

Sie flog davon. Kurze Zeit später kehrte sie mit dem Hasen zurück.

Der Hase klopfte der Eule auf die Schulter. »Ich habe gehört, daß du die böse Hexe beruhigt hast.«

»Ja«, sagte die Eule plötzlich ganz aufgeregt. »Ja, eigentlich schon, ja.«

Der Hase schaute sich um. »Was hat sie nur wieder angerichtet!«

»Ich habe alles gesehen. Sie hat auch ein Kaninchen in ein Eichhörnchen verwandelt«, sagte die Amsel. »Und Blaubeeren in Brennesseln.«

»Und mich wollte sie in einen Kanarienvogel verwandeln«, sagte die Eule zitternd.

»Sie muß alles wieder zurückzaubern«, sagte der Hase. »So schnell wie möglich. Wir gehen zu ihr.«

»Richtig zu ihr?« fragte die Eule ängstlich.

»Ja. Wenn ihre schlechte Laune vorbei ist, kann man mit ihr reden. Kommt!«

»Aber . . . aber . . .« sagte die Eule. »Sie wollte mich in einen . . .«

»Komm mit«, sagte die Amsel ungeduldig und schob die Eule hinter dem Hasen her.

Die Tür der Hexenhütte war offen. Die Hexe rührte wieder verbissen in ihrem Zaubertrank.

»Guten Tag«, sagte der Hase.

Die Hexe gab keine Antwort.

»Sie haben im Wald einiges verändert«, sagte der Hase. »Könnten Sie das mal schnell zurückzaubern?«

Die Hexe drehte sich um und deutete mit dem Kochlöffel auf die Eule.

»Was war denn gerade los mit dir? Hast du mich veralbern wollen, oder hast du wirklich nicht gehört, was ich gesagt habe?«

»Ich war mit einem . . .« begann die Eule.

Der Hase unterbrach sie. »Das erzählt sie Ihnen erst, wenn alles zurückgezaubert ist. Nicht wahr, Eule?«

»Stimmt«, bestätigte die Eule. »Das wollte ich gerade sagen.«

»Ich zaubere nichts zurück«, schnaubte die Hexe. »Sag endlich, was vorhin mit dir los war!«

Die Eule blieb stumm.

»Los«, rief die Hexe drohend. »Oder ich verwandle dich in eincn . . .«

»Wißt ihr, warum sie nichts zurückzaubert?« flüsterte der Hase den anderen so laut zu, daß die Hexe es hören sollte. »Sie kann es nicht. Sie weiß nicht, wie es geht.«

»Das sagen alle«, flüsterte die Amsel zurück. »Sie soll nicht mehr so gut zaubern können.«

»Ach nein?« rief die Hexe. »Da seht mal her!« Sie fuchtelte mit dem Kochlöffel und murmelte einen Spruch.

»Sie kann es doch!« rief der Hase und zeigte nach draußen. »Schaut mal, die Buche und die Fichte. Alles ist wie früher.«

»Sehr gut«, sagte die Amsel. »Ist das Eichhörnchen wieder ein Kaninchen?«

»Alles ist wieder so, wie es war«, sagte die Hexe. »Und jetzt will ich wissen, warum du vorhin so komisch warst.«

»Ich war mit einem Gedicht beschäftigt«, erklärte die Eule. »Deshalb war ich ganz in Gedanken versunken. Und je mehr ich nachdenke, um so weniger höre ich etwas.«

»Ein Gedicht«, sagte die Hexe beeindruckt. »Ist das schwer, ein Gedicht?«

»Ja«, seufzte die Eule. »Es ist nicht einfach. Manchmal gelingt es sofort, aber manchmal überhaupt nicht.«

Die Hexe nickte. »So geht es mir auch mit den Zaubertränken.« Sie warf einen Blick auf den Kessel über dem Feuer.

»Waren Sie deshalb so böse?« fragte der Hase.

»Ja. Ich will einen blauen Zaubertrank machen, aber es gelingt mir einfach nicht.«

»Das Zeug stinkt«, sagte die Amsel und verzog das Gesicht. »Können Sie nicht etwas zaubern, was besser riecht?«

»Kakao zum Beispiel«, sagte der Hase.

»Oder Apfeltorte«, rief die Eule. »Die riecht auch sehr lecker.«

Die Hexe antwortete nicht.

»Das ist wahrscheinlich sehr schwierig«, sagte der Hase leise. »Das kann sie bestimmt nicht.«

»Das kann ich doch«, sagte die Hexe empört. Sie murmelte etwas Unverständliches und klopfte mit dem Kochlöffel auf den Tisch. Plötzlich war der Zaubertrank verschwunden, und auf dem Tisch standen eine Kanne Kakao und eine große Apfeltorte.

»Ooooh!« riefen die Tiere. Alle rannten zum Tisch.

Die Hexe setzte sich auch hin.

»Sie können manchmal wirklich sehr schmackhaft zaubern«, nuschelte der Hase mit vollem Mund.

Hanna Kraan

17

Hexen-Geburtstage

Die Montagshexe ist vergeßlich.
Die Dienstagshexe meist unpäßlich.
Die Mittwochshexe kann garstig sein.
Die Donnerstagshexe friert Unkraut ein.
Die Freitagshexe ist wetterfest.
Die Samstagshexe lädt ein zum Fest.
Und die Sonntagshexe, was macht die?
Sie schläft und schnarcht wie tausend Mann,
damit sie
am Montag
am Dienstag
am Mittwoch
am Donnerstag
am Freitag
und Samstagnacht
fit sein kann.

Jutta Radel

18

Der Hexenbesen

Jede Hexe hat einen Hexenbesen. Sie braucht ihn im Haus und um Engel zu verjagen. Wenn er nicht mehr taugt, wirft sie ihn in den Ofen. Ein Hexenbesen ist natürlich vor allem ein tolles Verkehrsmittel. Täglich benutzt die Hexe ihn zum Fliegen und Reiten. Sie kommt überall damit hin. Nie hat sie Parkplatzsorgen.

Der traditionelle Hexenbesen

Für diesen Besen wird Reisig gesammelt und zusammengebunden. Außerdem braucht man einen langen, kräftigen Stock, der häufig in der Nähe von gefällten Bäumen zu finden ist. Den Stock an einem Ende anspitzen. Das ist der Besenstiel, der in das Reisigbündel gesteckt und dann auf einer harten Unterlage fest hineingestoßen wird. Damit der Stiel gut hält, werden noch ein paar Nägel in das Reisigpaket geschlagen.

Neue Modelle

Einen normalen Besen kaufen. Den Besenstiel mit Signalfarben anmalen:

Grün   =   Öko-Stil

Rot   =   Tempo, Tempo

Schwarz =   topmodern

Blau   =   Marine-Look

Modell Sonnenklar

Das ist ein Staubsauger, der mit Sonnenenergie betrieben wird.

Magische Glücksbringer

Zum Selbermachen und Verschenken. Denn Glück kann man immer und überall gebrauchen.

Perlenkette

Blaue (ganz wichtig!) Glasperlen zu einer sehr langen Kette aneinanderreihen.
Zweimal um den Hals schlingen.
Die Kette wirkt gegen böse Blicke!

Ohrringe

Hühnerknochen (von Brathähnchen) sammeln, gut waschen und trocknen lassen. Ohrhänger im Bastelladen besorgen. Die beiden Knochen mit Schmirgelpapier aufrauhen. An den aufgerauhten Stellen Ohrhänger ankleben.
Knochen am Ohr verjagen heulende Geister.

Fußschleife

Ein breites rotes Zierband besorgen. Mit Filzstift Drachenaugen darauf malen. Das Band vor dem Schlafengehen ums linke Fußgelenk legen und mit einer großen Schleife zusammenbinden.
Rote Fußschleifen machen den Schattentieren der Nacht angst.

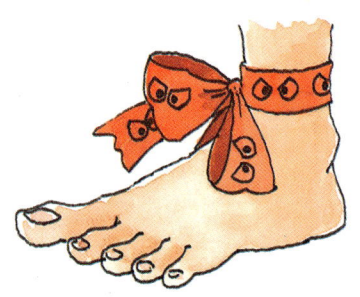

Hufeisen

Wenn du ein Hufeisen findest, bist du ein Glückspilz. Es bedeutet Glück. Allerdings muß das Hufeisen mit der Öffnung nach oben aufgehängt werden.

Pins und Anhänger

Glücksbringer gibt es für jeden und für alles. Eine alte Hexenweisheit sagt: Man muß nur daran glauben. Kleine Meeresmuscheln, Glückssteine in allen Farben, Kreuze aus Silber, Totenköpfe aus Messing, leere Schneckenhäuser, Gummispinnen . . . Du kannst die kleinen Maskottchen aufkleben (auf Pins und Ohrringe) und anhängen (an Ketten und Armbänder). Verschlüsse und Lederbänder gibt es im Bastelladen.

Süße Datteln

Wer immer eine Handvoll Datteln bei sich trägt, verhungert nie. Das sagen die Wüstenhexen. Also: Ein Beutelchen Datteln kaufen, kleines Schildchen mit Spruch beschreiben (»Eins, zwei, drei, vier Dattelhex'. Fünf Datteln für den Wüstenfex.«) und am Beutel befestigen.

Glücksklee

An vierblättrigen Kleeblättern sollst du nie vorbeilaufen, sondern sie pflücken. Die Zahl vier bringt Glück und ist das Symbol für die vier Jahreszeiten. Das Kleeblatt in einem dicken Buch pressen. Dann auf eine Karte kleben und mit »Glückwünschen« verschicken. Wenn du farblosen Nagellack über den aufgeklebten Klee streichst, behält er immer seine Farbe.

Schweinchen

Schon gehört »Schwein gehabt«? Auch Schweine sind Glücksbringer und werden häufig dem Sieger in einem Wettspiel als Preis überreicht. Schweinchen aus Marzipan werden so geformt: Ein großes Stück Marzipanmasse in mehrere Portionen teilen. Mit den Händen aus dem größten Stück den Leib formen, aus einem kleineren den Kopf mit Schnauze. Aus vier kleinen Stücken entstehen die Beine, aus zwei ganz kleinen die Ohren. Alle Marzipanteile zusammensetzen. Nicht vergessen: große Nasenlöcher bohren.

Von Zaubermeistern und Hexenschülern

Die Zauberprüfung

Es war noch sehr früh am Morgen, als es an der Tür klopfte.

Verschlafen öffnete der kleine Zauberer das Fenster und schaute hinaus. Draußen stand mit wichtiger Miene – der Zauberlehrer.

Der kleine Zauberer fuhr sich verlegen mit der Hand durch die Haare, die vom Schlaf noch ganz zerzaust waren. Aber der Zauberlehrer schien es gar nicht zu bemerken.

»Ich bin gekommen«, sagte er feierlich, »um dich für den nächsten Freitag zur Prüfung vor den Rat der Zaubererversammlung zu laden. Überlege dir genau, was du uns darbieten willst. Du bist immer ein guter Schüler gewesen, und ich freue mich, daß du nach der Prüfung zu den großen Zauberern gehören wirst und bei der Zaubererversammlung mitreden darfst.«

Er verabschiedete sich mit einem wohlwollenden Kopfnicken. Der kleine Zauberer blieb allein und ratlos zurück.

Bei seinem Lehrer war ihm das Zaubern immer leicht von der Hand gegangen. Aber vor den Rat der Zaubererversammlung zu treten, das war doch noch eine andere Sache.

»Was soll ich da nur zeigen?« sorgte er sich und lief im Zimmer auf und ab. »Den rosa Elefanten!« dachte er endlich. »Zuerst lasse ich den Elefanten aus dem Zylinder kommen!«

Obwohl er dieses Zauberstück wie im Schlaf beherrschte, war er jetzt beunruhigt.

»Ich werde es gleich noch einmal üben«, dachte er und holte den Zylinder herbei. Er schwenkte sein schwarzes Zaubertuch mit den silbernen Halbmonden, beschrieb mit dem Zauberstab ein magisches Kreuz und murmelte Zahlen vor sich hin.

Aber vielleicht hatte sein Herz zu laut geklopft, vielleicht hatten auch seine Hände zu sehr gezittert: Der kleine Zauberer starrte beschwörend

22

*Zauberer und Hexenmeister,
die beschwören böse Geister.*

auf den leeren Zylinder. Er klopfte ihn sogar auf dem Tisch aus. Aber der Elefant erschien nicht.

Da suchte er das Zauberbuch aus der Truhe, um noch einmal über das Zaubern von rosa Elefanten nachzulesen. Das Buch war arg verstaubt, denn der kleine Zauberer hatte schon lange nichts mehr darin nachschlagen müssen. Die goldenen Buchstaben auf den roten Seiten tanzten vor seinen Augen, und er konnte nicht herausfinden, wo er sich verzaubert hatte.

Vielleicht stand der Zylinder nicht genau in der nordöstlichen Tischecke. Das war für das Zaubern von rosa Elefanten ungeheuer wichtig. Oder der kleine Zauberer hatte das Zaubertuch gegen die Zauberrichtung geschwenkt oder das magische Kreuz verkehrt herum in die Luft geschrieben. Vielleicht hatte er auch die falschen Zahlen aus dem Zaubereinmaleins aufgesagt.

Wie viele Fehler man sogar bei einem so einfachen Anfängerstück machen konnte.

Ihm wurde heiß und kalt, und seine Finger waren wie taub, daß es eine Weile dauerte, bis er den Zauberstab wieder ergreifen konnte.

Jetzt wollte er im Zauberbuch nachlesen und ganz langsam zaubern, Schritt für Schritt. Aber er war noch viel aufgeregter als beim ersten Mal. Der Zylinder rührte sich wieder nicht und ließ auch den rosa Elefanten nicht frei.

Der kleine Zauberer war verzweifelt. Und mit jedem mißlungenen Versuch wurde er noch verzweifelter. Er starrte den Zylinder an, bittend, flehend, wütend, fordernd. Nichts geschah.

Draußen war es schon dunkel geworden, als ihm ein Gedanke kam. Aber der war so ungeheuerlich, daß der kleine Zauberer sich schämte und versuchte, ihn zu vertreiben, aber der Gedanke kam wieder und immer wieder.

Das, was er vorhatte, war eines Zauberers, egal ob groß oder klein, sicher so unwürdig, daß niemals jemand etwas davon erfahren durfte.

Er lief zum Fenster, zog die Vorhänge vor, und dann, nach einem letzten Zögern, schlüpfte er selber in den Zylinder hinein. Er mußte einfach nachschauen, in welcher geheimnisvollen Windung oder rätselhaften Schlucht der rosa Elefant steckengeblieben war.

Als er ihn endlich gefunden und ans trübe Licht der Petroleumlampe gezerrt hatte, wischte er sich mit dem Zaubertuch schnaufend den Schweiß von der Stirn, denn Elefanten sind bekanntlich schwer, auch solche, die rosa sind und aus Zylindern kommen.

Als er wieder atmen konnte, schaute er den Elefanten fragend an.

Aber der wußte auch nicht, warum der befreiende Zauber ausgeblieben war, und wedelte nur bedauernd mit seinen Ohren.

Da schnipste der Zauberer wütend mit den Fingern, und der Elefant verschwand wieder im Zylinder.

Er schnipste noch einmal, und der Zylinder, der Zauberstab und das Zauberbuch verschwanden in der Truhe. »Na«, sagte der Zauberer ungeduldig und schnipste zum drittenmal. Und da schwebte auch das Zaubertuch hinter den anderen Sachen her.

Erschöpft ging der Zauberer zu Bett. Aber er schlief schlecht in dieser Nacht. Immer wieder ließen böse Träume ihn aus dem Schlaf hochfahren.

Am nächsten Morgen mochte er gar nicht aufstehen und versteckte sich unter seiner Decke.

Es war schon fast Mittag, als er den Zylinder in die nordöstliche Tischecke stellte und seufzend mit dem Üben begann.

Er übte oft an diesem Tag, an diesem und auch an den nächsten Tagen. Manchmal stapfte der rosa Elefant wirklich hervor. Aber manchmal blieb der Zylinder leer. Und manchmal schickte er statt des rosa Elefanten blaue Mäuse oder gelbe Kaninchen.

Und obwohl sich der kleine Zauberer fest vorgenommen hatte, es nie wieder zu tun, verschwand er in seiner Ratlosigkeit doch noch ein paarmal selber im Zylinder, um an Ort und Stelle nach dem Rechten zu schauen.

Mutlos sah er dem Prüfungstag entgegen. Er war sicher, daß er mit Schimpf und Schande davongejagt werden würde.

Und als dann der Freitag da war, da wäre der kleine Zauberer gerne weggelaufen oder krank geworden. Aber für beides blieb ihm keine Zeit, denn der Zauberlehrer stand schon sehr früh vor seiner Tür, um ihn abzuholen.

Da packte der kleine Zauberer sein Werkzeug ein, warf einen letzten wehmütigen Blick auf sein Häuschen und schlurfte neben dem Lehrer her.

Der Rat der Zaubererversammlung bestand aus 13 Zauberern, die sich um das Zauberhandwerk besonders verdient gemacht hatten.

Steif vor lauter Würde saßen sie im Prüfungssaal und warteten schon. Als der kleine Zauberer die strengen Blicke auf sich gerichtet fühlte, klammerte er sich am Türrahmen fest, und der Zauberlehrer mußte ihn in die Mitte schieben. Dort stand er und wagte nicht aufzuschauen, denn die rußgeschwärzten Schnurrbärte rings um ihn waren hochgezwirbelt wie Säbel. Furchterregend sah das aus. Sicher würden sie ihn nach seiner unausweichlichen Blamage von allen Seiten durchbohren.

»Nun, was wirst du uns zaubern?« fragte der Zauberlehrer in die Stille.
»Den rosa Elefanten aus dem Zylinder«, flüsterte der kleine Zauberer.
»Eines der leichtesten Stücke«, klang es mißbilligend im Saal.
Zum Glück hörte der kleine Zauberer das in seiner Angst nicht. Wie durch einen Nebel sah er, daß der Zauberlehrer ihm ein Zeichen gab.
Da stellte er seinen Zylinder irgendwo auf den Tisch. Und mit zitternden Händen schwenkte er sein Tuch, schrieb Kreuze in die Luft, murmelte vor sich hin, so leise, daß er es selber nicht verstehen konnte.
Der Zylinder stand schwarz und unbeweglich.
Der kleine Zauberer wischte sich den Schweiß von der Stirn, rückte an seinem Zylinder herum und versuchte es noch einmal. Aber wieder passierte nichts.
Einige Ratsmitglieder hüstelten. Die Säbelbärte hoben und senkten sich.
Der kleine Zauberer schwenkte das Zaubertuch andersherum. Nichts!
Die Ratsmitglieder rutschten ungeduldig auf ihren Stühlen hin und her. Gemurmel kam auf.
Der kleine Zauberer versuchte, sich an das Zaubereinmaleins zu erinnern. Aber welche Zahlen waren es, die den rosa Elefanten herbeiriefen? Voller Angst sagte er alle auf, die ihm einfielen. Der Zylinder wackelte ein bißchen, ließ ein Rauchwölkchen aufsteigen, dann noch eins, und schließlich spuckte er einen Regenwurm aus, einen ganz besonders kleinen.
Das Gemurmel im Saal schwoll bedrohlich an. Die Ratsmitglieder schüttelten die Köpfe. Die Säbelbärte rasselten.
Der Zauberlehrer trat nervös von einem Fuß auf den anderen.
»Auch bei einem Anfängerstück kann etwas schiefgehen«, sagte er. »Zeige uns jetzt, was du noch kannst!«
Der kleine Zauberer blickte entsetzt zu seinem Lehrer hinüber. Was er noch konnte? Er hatte ja gar nichts anderes mehr einstudieren können!
Der Saal begann sich zu drehen, und die Säbelspitzen kamen näher und näher. »Jetzt bin ich sowieso verloren«, dachte der kleine Zauberer, sprang kopfüber in seinen Zylinder und verschwand.
Augenblicklich verstummte das Bärterasseln.
Alle Augen waren auf den Zylinder gerichtet.
Der führte auf dem Tisch einen wilden Tanz auf. Dabei kippte er bedenklich mal zu der einen, mal zu der anderen Seite. Manchmal kam ein dumpfes Ächzen aus seiner Tiefe.
Die Zauberer im Saal hielten den Atem an.
Es dauerte sehr lange, bis ein verschwitzter Haarschopf auftauchte und dann der ganze kleine Zauberer folgte. Er zerrte etwas hinter sich her.

26

Und endlich konnte man erkennen, daß es ein Elefant war – ein blauer Elefant.

Schuldbewußt stand der kleine Zauberer vor den Ratsmitgliedern und erwartete sein Urteil. Er wagte niemanden anzuschauen.

Auch der blaue Elefant ließ traurig den Rüssel hängen.

Eine Weile standen sie so.

Dann kehrte Leben in den Prüfungssaal zurück. Der Zauberlehrer stürzte auf den kleinen Zauberer zu und umarmte ihn. Auch die anderen vergaßen die Würde ihres Amtes und schrien wild durcheinander.

»Einmalig!« riefen sie. »Sensationell!« – »Nie dagewesen!«

Vieles wurde schon aus Zylindern gezaubert, Mäuse, Tauben, Löwen. Auch Elefanten, ganze Herden, in jeder Größe und Farbe. Aber noch nie zuvor hatte irgendwo auf der Welt ein Zauberer irgend etwas persönlich in seinem Zylinder abgeholt.

Die Zauberer trampelten und klatschten, und der Lärm im Saal war unbeschreiblich.

Der kleine Zauberer ließ alles geschehen. Er begriff überhaupt nichts. Und dann begriff er nur, daß er nicht durchgefallen war. Aber er konnte es sich nicht erklären. »Wo ich doch zu allem Unglück den rosa Elefanten noch nicht einmal finden konnte«, dachte er immer wieder.

Der kleine Zauberer gehörte von nun an zu den großen Zauberern, deren Wort Gewicht hat. Sein Sprung in den Zylinder wurde als Zauberstück für Fortgeschrittene ins Zauberbuch aufgenommen.

Bald dachte er nicht mehr an die Angst, die ihm die Prüfung eingeflößt hatte. Aber einen rosa Elefanten hat er trotzdem nie mehr herbeizaubern wollen.

Frauke Nahrgang

HOKUSPOKUS

Schule für Hexenkinder und angehende
Lehrlinge der Zauberkunst
Gegründet anno 1313 auf dem Blocksberg

MONTAG	DIENSTAG	MITTWOCH
Die Theorie der Zauberkunst ☆	Gräßliche Flüche und Schimpfworte ausdenken, schreiben und auswendig lernen	Verzaubern und Entzaubern , Theorie ☆
Ausrüstung für Werkstatt und Hexenküche ☆	Gruselkunde und Wahrsagerei ☆	Nähen und Stricken: Kostüme für Hexenfeste und Zaubershows
Zauberformeln, Zaubersprüche, Hexeneinmaleins ☆	Die Geschichte der magischen Kunst ☆	Schminken, Warzenpflege, Schönheitsgeheimnisse
Schlechtschreibung	Fitneßtraining : Gymnastik gegen knarrende Knochen ☆	Kunstfliegen: Starten und Landen, Loopings, Schleifen, Besenflugregeln (Doppelstunde : nur für Hexen) ☆
Alchemie : Brodeln und Mixen nach alten Geheimrezepten	Aerobic (Mädchen und Knaben)	

*Logo, auch Hexen und Zauberer müssen
die Schulbank drücken. Es ist ja noch keine
Superhexe und kein Zaubermeister
vom Himmel gefallen.*

STUNDENPLAN 4. Schuljahr

DONNERSTAG	FREITAG	SAMSTAG
Musik und Gesang ☆	Handwerken, Do it yourself ☆	**FREI**
Vertonen von Zaubersprüchen ☆	Gartenpflege und Kräuterkunde ☆	PROGRAMM FÜR DIE SOMMER-FERIEN Kurzreisen auf feuerspeienden Drachen zu Burgen berühmter Zauberer Besichtigung der Giftlabore möglich
Katzengejammer, Schrillschreiübungen ☆	Fledermausologie und Haustierhaltung ☆	Besen-Nachtflüge im Mondschein, begleitet von diplomierten Pilotinnen der Hexenflugschule "HOKUSPOKUS"
Moderne Tänze und Spiele ☆	Zaubern: Kniffe und Tricks vor einem Publikum (Doppelstunde: nur für Anwärter der staatlichen Zauberhochschule)	Zweitägige Gruselwanderungen durch den Finsterwald mit Übernachtung im im Vampirheim "Eckzahn"
Hobbys und wie man sie geheim hält		

Der Zaubermeister

Ich bin ein großer Zaubermeister!
Ich brauche nur ein bißchen Kleister
und eine Schere und Papier –
schon klebt am Tisch ein großes Tier.

Ich bin ein großer Hexerich!
Mit Schokolade kleckse ich,
verwandle mich in einen Hund –
schon ist das ganze Zimmer bunt.

Ich herrsche über die Sekunden!
Mein Schloß zu säubern, dauert Stunden.
Doch schneller, als man sich's geträumt,
ist es schon wieder vollgeräumt.

Nur einen Zauber fürchte ich.
Mit dem besiegt die Mutter mich.
Sie wäscht mich. Und der Zauberer
wird plötzlich wieder sauberer.

Georg Friesenbichler

Der gute Zauberer vom Wald

Es war einmal ein Zauberer, der sich für einen bösen Zauberer hielt. Alle anderen dachten ebenfalls, er sei böse, aber das stimmte gar nicht. Es war nur so, daß sein Zauber meist danebenging.

Wenn er auch kein guter Zauberer war, so war er doch ein beachtlicher Koch. Er machte einen wunderbaren Schokoladenkuchen mit zehn geschlagenen Eiern darin und geschmolzener Schokolade obendrauf.

Einmal wollte er ein Schokoladenkuchen-Fest geben und alle Kinder aus der Stadt dazu einladen. Er schickte die Einladungen zu Tee und Schokoladenkuchen auf speziellen Einladungskärtchen heraus, aber niemand kam. Die Kinder dachten, er sei ein böser Zauberer. Sie befürchteten, er würde sie in lauter Krabbeltiere verwandeln. Sie wußten nicht, daß er einen wunderbaren ·Schokoladenkuchen backen konnte, und so blieben sie daheim.

Er hatte keine Haustiere und keine Freunde.

Dann fand er eines Tages einen kleinen Setzling, ein winziges Apfelbäumchen, das versuchte, zwischen ein paar Steinen zu wachsen.

»Ein Baum könnte mir Gesellschaft leisten«, dachte der Zauberer, »auch wenn Bäume Schokoladenkuchen nicht recht zu schätzen wissen.« Er grub das Bäumchen aus, nahm es mit nach Hause und pflanzte es bei seiner Hintertür wieder ein.

»Du brauchst aber nicht zu denken, daß ich dich verwöhne, nur weil ich dich adoptiert habe«, sagte der Zauberer ernst. »Ich denke gar nicht daran, dich ständig zu gießen und die Erde um dich herum aufzulockern.«

Das Bäumchen ließ die Blätter hängen.

»Also gut«, brummte der Zauberer, »du sollst Wasser haben, aber nur ein bißchen.«

Er kaufte eine spezielle rote Gießkanne und besprengte die heiße Sommererde neben dem Bäumchen. Es wuchs und streckte seine grünen Arme der Sonne entgegen.

Traurig schaute der Zauberer über die braungoldenen Sommerfelder zu den Kaminen und Dächern der Stadt. »Wenn nur jemand käme und mit mir frühstücken würde«, sagte er.

Der Baum ließ seine neuen Blätter rascheln. Da kam dem Zauberer eine Idee. »Vielleicht eine kleine Pflanzenmahlzeit«, sagte er zu dem Baum. Nur zum Spaß buk er einen herrlichen Pflanzenkuchen. Er rührte den Teig aus vermoderten Blättern und Kompost mit einer Prise

Stickstoffdünger. Er überzog den Kuchen mit einem Kalkguß. Dann setzte er ihn auf einen schönen Teller, einen mit Rosen darauf, den er bei einer Tombola gewonnen hatte. Er stellte den Teller auf sein bestes Tablett, die volle Gießkanne daneben, und trug es hinaus zu dem Baum. Danach stellte er auf sein zweitbestes Tablett eine Kanne Tee und ein großes Stück Schokoladenkuchen.

Der Zauberer und der Baum frühstückten zusammen in der Morgensonne.

»Darf ich noch einmal nachgießen?« fragte der Zauberer höflich. Er besprengte den Baum mit dem Wasser aus der roten Gießkanne. Dann goß er sich selbst noch eine Tasse Tee ein.

»Versuche doch ein Stück von diesem Kuchen«, sagte der Zauberer. »Ich habe ihn ganz frisch gebacken.« Er gab dem Baum ein Stück

Pflanzenkuchen und krümelte es über seine Wurzeln. Dann biß er selbst von seinem Schokoladenkuchen ab. »Hm . . . sehr gut! Schokoladenkuchen. Das ist mein Lieblingskuchen«, sagte der Zauberer und tat so, als sei es eine Überraschung für ihn.

Von da an frühstückten der Zauberer und der Baum jeden Morgen zusammen. Wenn der Zauberer für sich einen Schokoladenkuchen buk, buk er für den Baum einen Pflanzenkuchen. So war er immer beschäftigt und fühlte sich nicht mehr so einsam.

»Wenn ich nur wüßte, ob Bäume sich nach anderen Bäumen sehnen?« überlegte der Zauberer. »Wie wäre es mit ein bißchen blättriger Gesellschaft?«

Er begann noch mehr Bäume auszugraben und bei seiner Hintertür neu einzupflanzen. Das bedeutete, daß er noch mehr Pflanzenkuchen backen mußte. Jeder einzelne Baum bekam jeden Morgen ein Stück davon, aber zu seinem allerersten Baum, dem Apfelbaum, setzte er sich hin, und mit ihm sprach er.

Die Bäume wurden immer größer. Das Haus des Zauberers füllte sich mit grünen Schatten und goldenen Sonnenspritzern. Blätterrauschen durchzog seine Träume wie leise Musik.

Und wenn er morgens aufwachte, rauschte die Musik weiter. Wenn er ging oder rannte, war es, als setze er seine Schritte nach dem Muster eines geheimnisvollen Tanzes.

Die Zeit verging. Der Zauberer pflanzte immer mehr Bäume. Die anderen Zauberer vergaßen ihn, und die Hexen luden ihn nicht mehr zu ihren fröhlichen mitternächtlichen Hexen-Partys mit Suppe und Zaubersprüchen ein.

Eines Tages, nach vielen, vielen Jahren, saß der Zauberer unter seinem großen alten Apfelbaum und aß Schokoladenkuchen.

»Nimmst du noch ein Stück?« fragte er, höflich wie immer. »Darf ich nachgießen?«

Er krümelte Pflanzenkuchen über die Wurzeln und besprengte sie mit Wasser aus einer verbeulten roten Gießkanne.

Plötzlich drangen Stimmen an sein Ohr, Stimmen wie klares, plapperndes Wasser. Zwischen den Bäumen erschienen ein paar Kinder in hellen Sommerkleidern.

Der Zauberer starrte sie an und bildete sich ein, sie zu kennen. »Bist du das, Borretsch-Billy?« fragte er. »Bist du das, Seiden-Susie?«

»Borretsch-Billy war mein Großvater«, sagte der Junge, »aber ich heiße auch Billy.«

»Seiden-Susie war meine Großtante«, sagte ein kleines Mädchen, »aber ich wurde nach ihr benannt.«

»Bist du der gute Zauberer vom Wald?« fragte ein anderes.

»Von welchem Wald?« fragte der Zauberer verwundert.

»Na, von diesem hier«, antwortete Susie.

Der Zauberer schaute sich um. Die goldbraunen Felder waren allesamt verschwunden. Überall wuchsen Bäume, Bäume und noch einmal Bäume, kräftig und ausladend. Die letzten konnte er gar nicht mehr sehen.

»Wie die Zeit verfliegt«, murmelte er leise vor sich hin. Dann wandte er sich wieder an die Kinder. »Das ist kein Wald«, erklärte er ihnen. »Das sind nur meine Bäume, und ich bin ein böser Zauberer, kein guter.«

Ein sonderbares Rauschen ging durch den Wald. »Die Bäume lachen!« rief der Zauberer, der inzwischen wußte, wie Bäume lachen – und auch wie sie weinen. Habe ich etwa zufällig einen Wald gepflanzt? Bin ich etwa, ohne es zu merken, ein guter Zauberer geworden? Es geht mir nicht schlecht, aber schlecht ging es mir eigentlich nie.«

»Wir haben im städtischen Museum ein paar alte Einladungskarten gefunden«, sagte Billy. »Sie lagen in einem Fach mit der Aufschrift ›Sehr gefährlich‹, aber die Kärtchen waren so hübsch, daß wir dachten, dahinter kann gar nichts Schlimmes stecken.«

»Nur ein guter Zauberer würde sich die Mühe machen und einen Wald pflanzen«, sagte Susie. »Deshalb dachten wir, wir kommen einmal vorbei und schauen . . . und schauen . . .«

». . . ob noch Schokoladenkuchen übrig ist!« riefen alle Kinder und lachten.

»Bei mir gibt es immer Schokoladenkuchen«, erwiderte der Zauberer fröhlich. »Klettert auf die Bäume. Eßt Äpfel, bis es soweit ist. Ich muß den Schokoladenkuchen nur noch aufschneiden. Mögt ihr lieber kleine Stückchen oder große?«

»Große!« riefen die Kinder.

»Merkwürdig«, meinte der Zauberer, »ich auch.«

Die Bäume rauschten, und die Kinder sangen. Der Zauberer schnitt seinen großen Schokoladenkuchen in große Stücke. Endlich konnte sein Fest stattfinden. Bäume leisteten Bäumen Gesellschaft. Menschen leisteten Menschen Gesellschaft. Bäume leisteten Menschen Gesellschaft, und Menschen leisteten Bäumen Gesellschaft.

Niemand war mehr allein. Und es war genügend Kuchen da für alle, für die, die lachten, und für die, die rauschten.

Und *das* war sehr gut.

Margaret Mahy

Walpurgisnacht

Das ist eine alte Geschichte: In der Nacht vom 30. April auf den 1. Mai reiten die Hexen, so heißt es, auf Besen, Katzen oder Ziegenböcken zum Hexenfest auf den Blocksberg im Harz. Überall, wo sie vorüberfegen, verwandeln sie Mensch und Tier, zaubern Brot zu Stein und Wein zu Wasser. Deshalb fürchteten sich früher die Menschen in der Walpurgisnacht. Sie hielten Abwehrzauber gegen die Hexen bereit, damit sie nicht in die Häuser eindringen konnten. Einige stießen große

Messer in die Türen, andere stellten Harken und Mistgabeln mit den Spitzen nach oben vors Tor, wieder andere brannten riesige Hexenfeuer auf ihren Feldern ab. Noch heute gibt es in dieser Nacht an manchen Orten ein Feuerwerk und laute Musik. Und Kinder tanzen zu Techno-Rhythmen oder erzählen sich Gruselgeschichten.

Übrigens: In den Walpurgisnächten, die ich kenne, ist noch kein Mensch zu Schaden gekommen. So böse können die Hexen also gar nicht sein. Woher der Ausdruck Walpurgisnacht kommt? Die Nacht hat ihren Namen von Walburga, der Schutzheiligen der Bauersfrauen und Mägde.

35

Einmal im Jahr, beim großen Hexenfest spätabends ab acht, spuken Hexenmädchen und Zaubermeister durch die Nacht.

Das Hexenfest

Stell dir vor, was für ein Spaß es ist, wenn du dich auf deinen Hexenbesen schwingst und durch die Luft zum Blocksberg düst. Du fühlst dich wie verzaubert. Das funktioniert übrigens nicht nur in der ersten Mainacht. Wie wär's also, wenn du zu deinem nächsten Geburtstag eine Hexenparty organisierst?

Hier und auf den nächsten Seiten findest Du ein paar Vorschläge für ein schönes Fest. Alles zum Selbermachen, das versteht sich!

Die Einladung

Du brauchst farbiges Zeichenpapier. Zuerst malst du auf ein Blatt einen Hexenkopf; und zwar auf die obere Blatthälfte. Die Augen müssen ziemlich groß sein und so stehen, daß du durch sie hindurchsehen könntest. Kleine Tiere und Hexensymbole können um den Kopf herumschweben.

Auf die untere Blatthälfte schreibst du den Einladungstext. Achtung! Spiegelverkehrt schreiben. Das ist gar nicht so einfach. Am besten vorher üben und vorschreiben.

Diese Vorlage kopierst du im Copyshop auf die farbigen Blätter. Dann schneidest du die Augen aus.

Der Text kann nur gelesen werden, wenn man sich das Blatt vors Gesicht hält und durch die Augen in einen Spiegel schaut.

EINLADUNG ZUM HEXENFEST

Samstag ab 16 Uhr bei mir im
Vereinshaus "Zu den Megahexen".
Bitte Festklamotten mitbringen.
Es wird getanzt!
Zauberlehrlinge, liebe Teufel und
garstige Waldfeen sind auch willkommen.

Hi hi, ha ha, ho ho,
ich freue mich schon so.

Silvia

Super Idee!!!

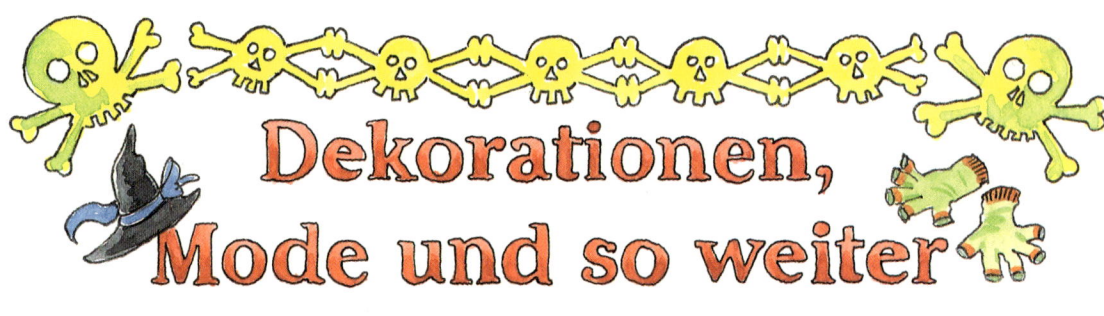

Dekorationen, Mode und so weiter

Girlanden

Mehrere Bögen farbiges Seidenpapier in ungefähr 10 cm breite Streifen schneiden und diese mehrere Male falten. Fledermaushälften auf eine Seite zeichnen. Ausschneiden und auseinanderfalten.

Wanddekorationen

Aus grünem und schwarzem Seidenpapier Papierschlangen schneiden und aufhängen.
Riesige Schattentiere auf dünnen Karton malen, ausschneiden und an die Wand kleben. Zum Beispiel: fauchende Kater, Rabenvögel, Mäuse mit langen Schwänzen, Schreckgespenster.

Raumdekoration

Besonders stimmungsvoll ist es, wenn viele Pflanzen herumstehen. Hexen sind naturverbunden. Für Sitzgelegenheiten und eine große Tanz- und Spielfläche sorgen!

Kürbislichter

Kürbisse oder Rüben aushöhlen, Fratzen ausschneiden und Teelichter hineinstellen.

Parkständer für Besen

Alte Kartons bemalen oder besprayen. Einen Besenstil am Kartonrand befestigen mit dem Schild »Parken erlaubt«. Dose anbringen mit Schildchen »Nur für süße Parkgebühren. Nimmt kein Geld an.«

Aus alt mach neu!
Nach dieser Devise putzen sich Hexen heraus.
Sie wühlen Altkleidersammlungen durch und
finden mit scharfem Blick immer die richtigen Fetzen.

Flickenrock

Ein altes farbiges Leinentuch auf die eigene Rocklänge zuschneiden, mit 10 cm Zugabe für Schnur zum Zusammenbinden. Bunte Stofflicken zurechtschneiden, aufnähen oder mit Sicherheitsnadeln aufstecken. Kleben geht auch. Den Schnurdurchzug nähen. Die Schnur oder eine Kordel durchziehen.
Tip: Den Saum nicht umnähen. Ein ausgefranster Saum sieht hexenmäßig gut aus!

Bluse und Weste

Von einer ausgedienten geblümten Bluse die Ärmel bis zur Ellbogenlänge abschneiden. Die Bluse schief knöpfen und nicht bügeln. Mit schwarzem Filzstift große und kleine Spinnen draufmalen. Weste über die Bluse ziehen.

Bein- und Fußbekleidung

Geringelte Kniestrümpfe in verschiedenen Farben und mit Löchern an den Fersen sind bei Hexen der letzte Schrei. Dazu ausgelatschte Stiefeletten mit kleinen Absätzen tragen.

39

Kopfbedeckung

Neuester Trend: Kunststoffhüt-
chen vom Straßenbau, umwickelt
mit einem Schal in Signalfarbe.
Klassisch: Buntes Kopftuch, über
der Stirn zusammengeknotet.

Handwärmer

Von wollenen Fingerhandschu-
hen die Fingerkuppen abschneiden. Einen Totenkopf als Papier-
schablone zeichnen und ausschneiden. Dann die Schablone
auf zwei Stoffstückchen legen
und so den Stoff zurechtschneiden. Die Totenköpfe auf die
Handschuhe nähen.

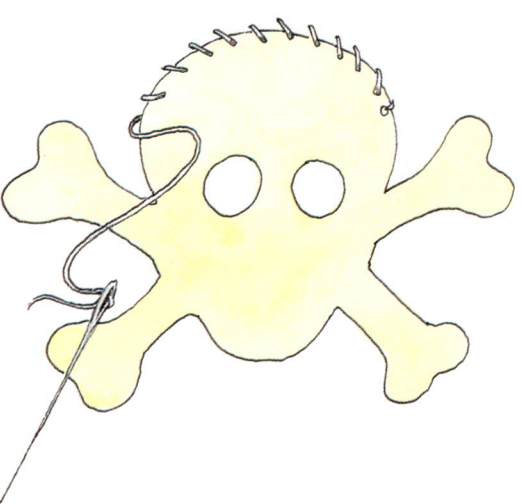

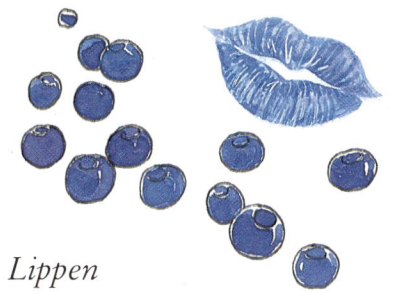

Schönheitstips

Das Gesicht

Schönheitsflecken: Runde, eckige oder längliche kleine Pflaster ins Gesicht kleben. Und wenn du den tollen Schleiereffekt willst: Spinnweben aus allen Zimmerecken fischen und über das Gesicht hängen.

Die Augen

Lidschatten: Einfach mehrere Nächte nicht schlafen.
Die Augenbrauen dann mit Ruß vom Kaminfeuer oder Grill einschmieren.

Die Wangen

Deine Mutter bitten, ihre Lippen knallrot anzumalen und dich dann zu küssen.

Die Nase

Ein rechteckiges Stück farbiges Papier zu einer Tüte rollen und diese zusammenkleben. Das offene Ende so zurechtschneiden, daß es auf die Nase paßt. Mit einem Gummifaden befestigen.

Lippen

Mit frischen Blaubeeren einreiben. Noch besser: blaue Beeren naschen. So werden die Zähne und Zunge schön blauschwarz!

Haare

Einige dicke Lockenwickler ins Haar drehen.
Oder die Brennessel-Tinktur für strahlende Haare anwenden. Das ist ein Rezept aus dem »Wunderlexikon für eitle Hexen«.
Die Zutaten bekommst du in der Drogerie. Du brauchst:
40 g Brennesseltinktur,
1/2 Kaffeelöffel Arnikatinktur,
60 g Hamameliswasser.
Du füllst alle Zutaten in eine Flasche mit Schraubverschluß und schüttelst sie gut durch. Das Mittel wirkt, wenn du den Haaransatz so oft wie möglich mit dem Haarwasser massierst. Keine Angst, die Tinktur ist ganz harmlos und natürlich.

Spiel und Tanz

Spieltischchen

Einen Klapptisch auftreiben, mit blauem Seidenpapier bespannen. Goldsterne drauf kleben.

Einen Satz Spielkarten und eine Tasse kalten Kaffeesatz bereitstellen: zum Wahrsagen.

Einen Stuhl nicht vergessen; weil Hexen sich nur im Sitzen konzentrieren können.

Limbo-Tanzen

Limbo ist der Tanz der afrikanischen Hexen. Es geht darum, unter einer möglichst tief angebrachten Stange hindurchzutanzen.

Das geht so: Zwei Stühle Rücken gegen Rücken aufstellen. Der Abstand zwischen beiden sollte ungefähr anderthalb Meter betragen. Beschwere jeden Stuhl mit einigen Büchern. Über die Stuhllehnen legst du einen Hexenbesen. Nun bei flotter Musik unter dem Besenstiel hindurchtanzen, ohne über die eigenen Füße zu stolpern oder den Boden mit den Händen zu berühren.

Geschafft? Dann den Besen auf die Bücherstapel legen. Die nächsten Tanzrunde beginnt.

Trick: Möglichst breitbeinig tanzen und dabei in die Knie gehen. Die Arme nach vorn strecken.

Seil-Springen-Schwingen-Tanzen

Ein Springseil ist alles, was ihr braucht. Und natürlich heiße Musik.

Seilspringen kann man auf verschiedene Art und Weise. Zum Beispiel langsam oder schnell. Zählt doch mal, wie oft ihr springen könnt, ohne einen Fehler zu machen; oder meßt mit der Stoppuhr die Zeit, wie lange ihr springt.

Dann gibt es noch das Schwing-Springen (das Seil im Rhythmus nach vorne und nach hinten schwingen und im gleichmäßigen Rhythmus drüber sprin-gen, sprin-gen, sprin-gen . . .) und das Partner-Springtanzen: Zu zweit mit einem Seil springen. Es braucht ein bißchen Übung, dann klappt's. Nun versucht, zu flotter Musik zu springen.

Magischer Kreis

Wer kann das: Sich mit Freunden und Freundinnen gleichzeitig hinsetzen, ohne einen Stuhl zu benützen oder sich auf den Boden zu setzen?

Der erste Versuch wird zu viert gestartet: hintereinander aufstellen und die Hände auf die Schultern des Vordermanns legen. Auf ein Zeichen hin setzen sich alle gleichzeitig auf die Knie des hinteren Spielpartners.

Je mehr Freundinnen und Freunde zusammenkommen und einen Kreis bilden, um sich gemeinsam hinzusetzen, desto vergnüglicher wird es. Bei mehr als 20 Mitspielern entsteht ein Maxi-Magie-Kreis.

Blinzeltest

Ein Augenspiel für zwei, die sich gegenübersitzen: sich gegenseitig in die Augen sehen. Wer zuerst blinzelt, ist verloren: Ritz, ratz Hex', und du bist weg . . .

Lachtest

Wieder sitzen sich zwei gegenüber. Jetzt versucht jeder, den anderen zum Lachen zu bringen. Man kann Quatsch erzählen oder Witze oder auch Grimassen schneiden.

Wer zuerst lacht, ist verloren: Ritze, ratze Maus, und du bist raus . . .

Wie verhext

Es gibt Dinge, die einen völlig verrückt machen können. Zum Beispiel, wenn man versucht, gleichzeitig eine Hand über dem Kopf und eine über dem Bauch kreisen zu lassen. Und zwar jede Hand in einer anderen Richtung. Oder: Mit einer Hand über dem Kopf kreisen und mit der anderen auf den Bauch trommeln. Was passiert, wenn alle Kinder diese Versuche zusammen machen? Ja, es gibt einen Riesenspaß.

Schattenspiele

Weltberühmt sind die Schatten-
spiele, die in der Walpurgisnacht
am offenen Feuer vorgeführt
werden. Starke Lampen eignen
sich bestens als Lichtquelle für
Schatten. Mit Fingern, Händen,
Füßen und vielen Verrenkungen
entstehen kleine Theaterspiele.

Hokuspokus Zauberei

Fauler Zauber

Der Zauberkünstler Mamelock
hebt seinen goldnen Zauberstock.
»Ich brauche«, spricht er dumpf,
»zwei Knaben,
die ziemlich viel Courage haben.«

Da steigen aus dem Publikum
schnell Fritz und Franz aufs Podium.
Er hüllt sie in sein schwarzes Tuch
und liest aus seinem Zauberbuch.
Er schwingt den Stock ein paar Sekunden.
Er hebt das Tuch – sie sind verschwunden!

Des Publikums Verblüffung wächst.
Wo hat er sie nur hingehext?
Sie sind nicht fort, wie mancher denkt.
Er hat die beiden bloß – versenkt!

Fritz sagt zu Franz: »Siehst du die Leiter?«
Sie klettern abwärts und gehn weiter.
Der Zauberkünstler läßt sich Zeit,
nimmt dann sein Tuch und wirft es breit.

Er schwingt sein Zepter auf und nieder –
doch kommen Fritz und Franz nicht wieder!
Der Zauberer fällt vor Schrecken um.
Ganz ähnlich geht's dem Publikum.

Nur Fritz und Franz sind voller Freude.
Sie schleichen sich aus dem Gebäude.
Und Mamelock sucht sie noch heute.

Erich Kästner

Magier und Zauberer

Die Zauberei gibt es schon so lange, wie es Menschen gibt. Früher nannte man sie »Magie«. Die Menschen glaubten an viele Formen von Magie. Das hatte mit ihrer Angst vor den Gewalten der Natur und vor allem Unbekannten zu tun. Sie wünschten sich, eine größere Macht möge sie vor dem Bösen beschützen. Diese Macht hatten die Magier, die sich ein ganz besonderes Wissen erworben hatten.

Im Märchen heißt es, daß Zauberer früher an geheimnisvollen Orten wohnten. Zum Beispiel in einem Zauberschloß, das einsam auf einem Berg stand. Seine Türme ragten in den Himmel. Und im Innern war ein Gewirr von Gängen und Gewölben und ganz unten ein Keller. Hier lag die Werkstatt – gespenstisch beleuchtet vom Feuer im Kamin. Die Wände waren voller Bücher, und in der Mitte stand ein Tisch, übersät mit Fläschchen und Gläsern, in denen Insekten und Nachtschattengewächse lagen. Über dem Feuer hing ein riesiger Kessel, in dem es brodelte und zischte. Nie ließ der Zauberer jemanden in seine Kellerwerkstatt hinein. Sie war stets verschlossen. Den goldenen Schlüssel trug er immer um den Hals, und eine Eule mit blauen Augen hielt vor der Tür Wache.

Zauberer nannte man früher auch die Gaukler und Taschenspieler, die durchs Land reisten und auf den Marktplätzen ihre Tricks zeigten. Meistens hatten sie dort keine großen Bühnen. Und ihre Zaubergeräte paßten in eine Tasche, die sie mit sich herumtrugen.

Heute ist das anders. Zauberer und Zauberinnen wohnen in einer ganz normalen Wohnung, vielleicht im siebten Stock eines Hochhauses. Oder in einem Reihenhaus am Stadtrand. Manche reisen auch im Wohnwagen durchs Land, aber eigentlich nur dann, wenn sie mit einem Zirkus auf Tournee sind. Aber auch heute bleibt immer noch alles geheim, was ein Zauberer an Zauberformeln und Beschwörungen, an Kniffen und Tricks weiß. Auch wenn er ein Hobbyzauberer ist, der von seiner spannenden Kunst nicht leben muß.

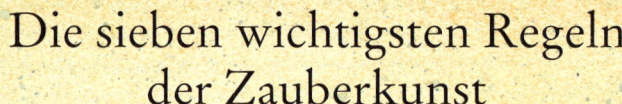

*Wer seine Tricks verrät, wird auf Lebzeiten
in einen Dinosaurier verwandelt.*

Die sieben wichtigsten Regeln
der Zauberkunst

(1) Üben, üben, üben.
Dreimal täglich und um Mitternacht.
Nur Übung macht den Zaubermeister.

(2) Schweigen und geheimhalten.
Zauberwissen und Zaubertricks werden
niemandem außerhalb der Gilde preisgegeben.
Das ist Ehrensache.

(3) Nur das Beste zeigen.
Also nur Zaubertricks, die genial beherrscht
werden.

(4) Einmalig sein.
Vor dem Publikum jeden Zaubertrick nur
einmal zeigen. Wiederholungen sind nur halb
so gut.

(5) Den richtigen Zauberplatz bestimmen.
Bei jedem Auftritt muß der Zauberer mindestens
drei Meter Abstand von den Zuschauern halten.

(6) Immer sicher wirken.
Alle Tricks mit großer Ruhe vorführen.
Auch wenn mal einer nicht klappt.

(7) Zauberzubehör und -geräte sind unantastbar.
Alle Requisiten und Zaubergeräte sind für Außen-
stehende tabu. Darum immer im Auge behalten
und topsicher verstauen.

48

Urkunde

Hiermit wird besiegelt, daß
Patric Abrakadabra
zum
Meisterklub junger Zauberkünstler
gehört.

✦

Prof. Roberto Hokus
(Zaubermeister)

Als Mitglied des Meisterklubs junger Zauberer
ist *Patric* berechtigt,
auf den Magier-Festivals und
in eigenen Zaubershows aufzutreten.
Er verpflichtet sich,
die erworbenen Zaubergeheimnisse
niemandem zu verraten.

Donnerberg, Anno 2002

Hokuspokus, Simsalabim!
Der große Zauberer ich bin
und lad' euch ein zu einer Show!
Hereinspaziert, hallo! Hallo!

Die große Zauber-Show

Bist du ein showlustiger Zauberer? Gelegenheiten für eine Vorführung deiner Kunststücke gibt es viele: ein Klassen- oder Schulfest, der Geburtstag deiner Geschwister, ein Familientreffen, ein Straßenfest . . . Mach ein bißchen Werbung für deine Vorführung! Zum Beispiel mit einem tollen bunten Plakat.
Schreibe deine Bekanntmachung auf ein Blatt Papier. Davon machst du möglichst viele Kopien, die du aushängen und verteilen kannst.

Du kannst auch *Eintrittskarten* verteilen mit einem ähnlichen Text. Das ist ein guter Werbetrick. Denn dann denkt jeder, daß es nur wenige Plätze bei deiner Show gibt.

Alles für eine Aufführung

Hintergrund

Ein geschlossener Fenster- oder Türvorhang ist ideal. Oder du hängst einfach ein großes Tuch hinter dir auf. Wenn's geht, bemale es mit Zaubersymbolen.

Zauberkoffer

Der Koffer ist für deine Requisiten.

Die untere Hälfte teilst du in Fächer: für Zauberstab, für Tücher, Karten, Glas, Bälle . . . Mit Styropor kannst du Trennwände einbauen. Den Koffer hast du während der Aufführung stets in deiner Nähe, zum Beispiel auf einem Schemel neben dem Tisch. Du kannst ihn natürlich noch poppig anmalen und bekleben.

Tisch für die Requisiten

Hol dir einen kleinen Tisch, auf dem du deine Zauberutensilien so ausbreitest, daß du sie jederzeit zur Hand nehmen kannst. Bedecke den Tisch mit einem Tuch oder z. B. Kreppapier. Gelb und blau sieht toll aus. Du kannst goldene Sterne auf blaues Kreppapier kleben.

Spickzettel

Logisch, daß du vorher genau weißt, welche Tricks und Kunststücke du vorführen willst. Und die beherrschst du natürlich ausgezeichnet!

Notiere die Nummern deines Programms in der geplanten Reihenfolge auf einen Spickzettel, und lege ihn vor dich auf das Tischchen.

Kontrolliere genau, ob du alle Requisiten dabeihast, die du brauchst.

52

Spitzhut und Zylinder

Die typischen Kopfbedeckungen des Zauberers sind der Spitzhut und der Zylinder. Der Spitzhut läßt sich schnell aus Karton und ein paar lustigen Zutaten aus der Krimskramskiste basteln.

Der *Zylinder mit Geheimfach* macht mehr Arbeit:
Schneide alle Teile, passend für deine Kopfgröße, aus.
Klebe den Hutmantel zusammen. Setze ihn auf den Hutrand, und klebe ihn an der Unterseite des Randes fest.
Auf dem Hutdeckel klebst du die Geheimfachklappe fest, und zwar so, daß die Klappe sich anschließend im Innern des Hutes befindet.
In dieses Geheimfach kannst du einen Gegenstand legen, zum Beispiel ein rotes Seidentuch, das du später herauszauberst. Es muß sehr eng zusammengelegt sein.
Über dem Zaubergegenstand drückst du die Klappe fest an.

Bei der Vorführung:
Du zeigst den anscheinend leeren Zylinder, indem du ihn am Hutrand festhältst und dabei mit den Fingern die Klappe über dem Gegenstand andrückst. Dann stellst du den Zylinder auf den Zaubertisch, legst dabei blitzschnell die Klappe um und gibst so den geheimen Gegenstand frei. Muß tüchtig geübt werden!

Kleider machen Zauberer

Eigentlich kannst du in jeder Kleidung zaubern. Aber deinen Zuschauern macht es sicher mehr Spaß, wenn du im tollen Zauberdreß auftrittst. Laß deiner Fantasie freien Lauf! Außer der Kopfbedeckung brauchst du ganz bestimmt einen Zauberumhang mit vielen Taschen; außerdem Handschuhe und ein Halstuch.

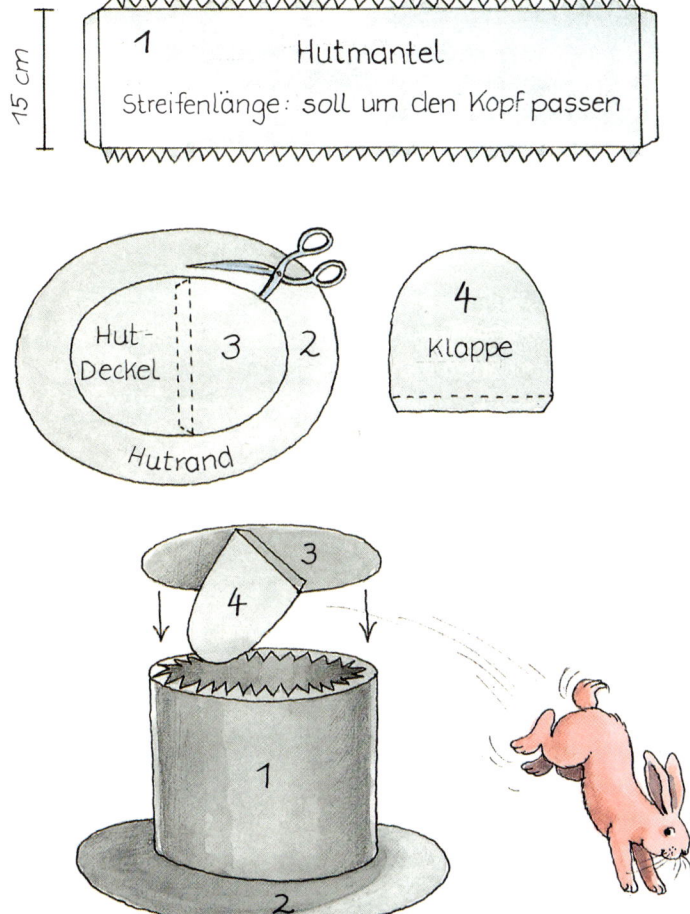

Der Halstuchtrick

Du nimmst ein dünnes Halstuch aus Seide oder ähnlichem Material. Und du solltest unter deinem Umhang ein hochgeschlossenes T-Shirt tragen. Versteck das Tuch im Halsausschnitt vom T-Shirt. Wenn du auf deiner Bühne stehst, hältst du mit jeder Hand ein Ende des Tuches gut fest. Die Zuschauer denken nun, das Tuch liegt hinter deinem Hals, aber es liegt vorne. Sprich einige Zauberworte. Dann zieh das Tuch mit einem schnellen Ruck nach vorn. Es sieht aus, als hättest du es durch deinen Hals gezogen.

Der Zauberstab

Das wichtigste Handwerkszeug des Zauberers ist sein Zauberstab.

Du brauchst dafür: ein Rundholz von 1 cm Durchmesser und 30 cm Länge; außerdem Buntpapier und Goldpapier. Das Rundholz mit dem Buntpapier und dem Goldpapier bekleben; am besten so, daß es schließlich ungefähr 3 cm breite goldene Enden hat.

Noch mehr tolle Tricks!

Verzauberte Luftballons

Befestige am Vorhang hinter deiner Zauberbühne einige aufgeblasene Luftballons. Das sieht nicht nur lustig aus, du kannst sie auch verzaubern. Du behauptest, daß du mit einer Nadel hineinstechen kannst, ohne daß sie platzen werden.

Der Trick: Vorher kleine Tesafilm-Streifen an die Stellen kleben, die du mit der Nadel berührst. Natürlich nicht zu stark. Du darfst den Klebefilm nicht durchstechen.

Die Zauberbanane

Diesen Zaubertrick mußt du gut vorbereiten. Du brauchst ein oder zwei Bananen und eine Nadel mit einem festen Faden.

Stich die Nadel mit dem Faden flach unter die Bananenschale, und zieh sie durch. An der Stelle, wo der Faden rauskommt, stichst du erneut ein. Und so weiter, bis du einmal rundherum genäht hast. Dann ziehst du das Fadenende kräftig an. Das machst du ungefähr alle drei Zentimeter so. Der Faden schneidet die Banane unter der Schale in Stücke.

Mit geheimnisvollen Zauberworten präsentierst du sie deinem Publikum auf einem Tablett. Dann bittest du jemanden, die Banane zu schälen. Siehe da, sie ist schon gewürfelt.

Hokusschmokus, weiße Maus,
Erde, spuck den Zauber aus!

Nimm Rabenfedern, Löwenzahn und einen Löffel Lebertran.

Der zerbrochene Zahnstocher

Deine Zuschauer sehen die folgenden Zauberschritte:

- Du hast einen Zahnstocher und eine Serviette.
- Den Zahnstocher legst du in die Mitte der Serviette.
- Du faltest die vier Enden zusammen.
- Dann hebst du mit dem gefalteten Tuch den Zahnstocher auf und zerbrichst ihn. Deutlich hört man das Knacken.
- Du läßt das Tuch fallen, sprichst eine Zauberformel und streichst mit den Händen über das Tuch.
- Am Schluß faltest du die vier Ecken auseinander – und siehe da: Der Zahnstocher ist ganz!

Der Trick: Die Serviette hat einen Saum, der an einer Ecke offen ist. In diesen Saum wird der Zahnstocher geschoben.

Wenn du das gefaltete Tuch hochhältst und anscheinend den Zahnstocher in der Mitte zerbrichst, knickst du in Wirklichkeit mit den Fingern der linken Hand den zweiten Zahnstocher im Saum.

Schaumschlägerei

Deine Zuschauer werden staunen, wenn du sie mit Superseifenblasen überraschst.

Du brauchst:
1 Kleiderbügel aus Draht
1 Rundholz als Stiel
2 Gläser Wasser
2 Gläser Geschirrspülmittel
2 Gläser Glyzerin aus der Drogerie
1 größeres Gefäß.

Aus dem Bügel biegst du eine Drahtschlinge und befestigst sie am Rundholz. Aus den anderen Zutaten rührst du eine Schaummischung. Tauche die Schlinge in den Schaum, und puste dagegen. Kräftig! Es entsteht eine riesige Seifenblase.

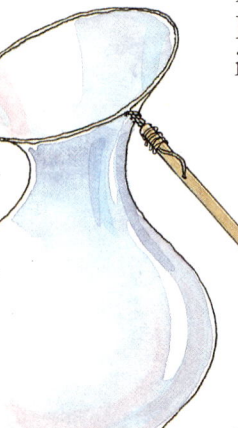

56

Magisches Wasser

Fülle ein Glas randvoll mit Wasser. Drücke eine Postkarte auf das Glas, und drehe es um. Kein Tropfen läuft raus. Warum? Weil der Luftdruck die Karte am Glas festhält.

Die Zaubertüte

Für dieses Zauberutensil brauchst du zwei Bogen festes farbiges Papier.
Zeichne auf einen Bogen Linien (so wie auf der Abbildung zu sehen). Diesen Linien entlang klebst du den zweiten Papierbogen auf den ersten. So entsteht eine Geheimtasche, in die du kleine Dinge zum Herauszaubern geben kannst; zum Beispiel ein Seidentuch oder eine Spielkarte.
Markiere die zwei Ecken (Abbildung): eine bekommt einen Punkt, die andere einen Kreis.

Bei der Vorführung: Du zeigst das Blatt von allen Seiten und hältst dabei mit den Fingern das Geheimfach mit Inhalt zu.
Jetzt drehst du das Blatt zur Tüte, und zwar beginnend beim Punkt.
Dabei knickst du die Ecke mit dem Kreis unauffällig nach unten; damit öffnest du die Klappe. Nun zaubere dein Geheimnis heraus.
Wenn du die Tüte wieder als leeres Blatt zeigen sollst, mußt du die Klappe vorher schnell wieder hochklappen.

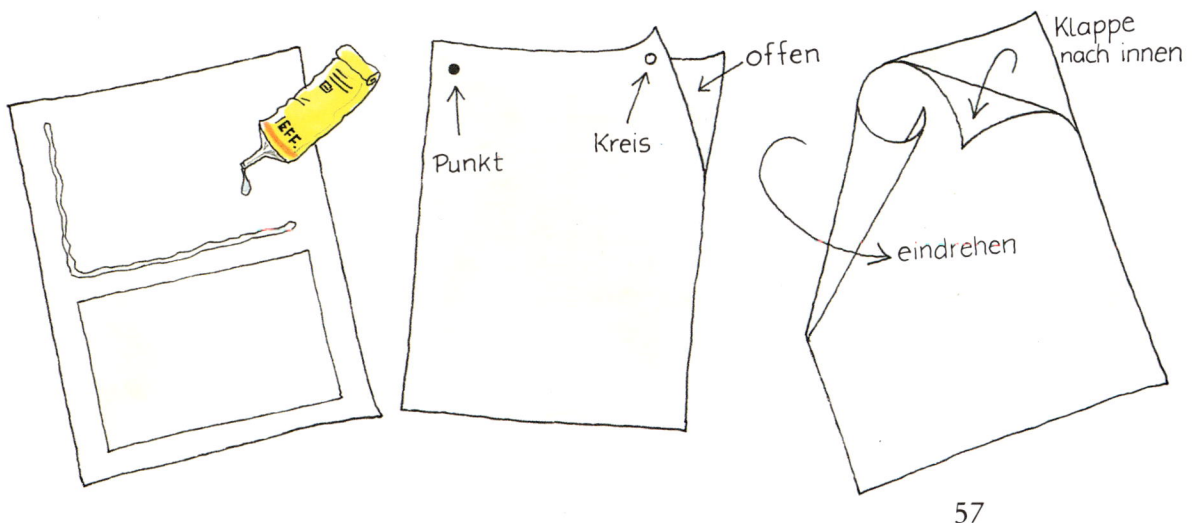

Da nahm die Hex' den Löffel

Schlemmereien für Zauberfest und Hexenparty

Gruselplätzchen

Besorge ein großes Paket (500 g) Plätzchenteig, und lege es in den Kühlschrank. Auf dünne Pappe malst du Schablonen in Form von Knochen und Totenköpfen; danach ausschneiden. Eine saubere Tischfläche reibst du mit Mehl ab und rollst darauf den Plätzchenteig 1/2 cm dick aus. Lege die Schablonen auf den Teig, umfahre sie mit einem scharfen Küchenmesser, und schneide dann die Teigfiguren aus. Lege sie auf ein eingefettetes Backblech, und lasse sie 15 Minuten bei 200 Grad Hitze backen. Augen, Nase und Mund der Totenköpfe kannst du im Anschluß mit Zuckerfarben bemalen. Und die Knochen sehen zum Anbeißen gut aus, wenn du ihnen mit Zuckerfarben ein paar Schrammen und Löcher aufmalst. Zuckerfarben gibt es im Geschäft bei den Backzutaten.

Pfannkuchen
mit Schoko-Madensauce

Aus Eiern, Mehl und Milch rührst du einen Pfannkuchenteig. Auf 2 Eier und 4 Eßlöffel Mehl kommen 1 Tasse Wasser und 1/2 Liter Milch.

In einer Pfanne läßt du Öl heiß werden. Dann verteilst du eine Kelle Pfannkuchenteig gleichmäßig über die ganze Pfannenfläche. Jeden Pfannkuchen von beiden Seiten gelbbraun braten. Die Pfannkuchen auf einem Teller stapeln und warm stellen.

Nimm 2 Beutel Schokoladensauce und bereite sie nach Anweisung mit Milch zu.

Eintagsfliegen

Nimm große Rosinen. Ritze sie rechts und links mit einem scharfen Messer ein. Drücke Mandelblättchen in die Ritzen. Eine kribbelige Nascherei!

Hot dogs mit Vampir-Ketchup... Hmmmmm, ganz große Klasse!!!

Spuketti-Salat

Koche 250 g Spaghetti mit einem Eßlöffel Öl in viel Salzwasser »al dente«, also nicht zu weich! Das dauert ungefähr 10 Minuten. Gieße die Spaghetti in ein Sieb, und spüle sie mit kaltem Wasser kurz ab. Danach in eine Schüssel schütten.

Jetzt kommt die Salatsoße. Du verrührst: 1 Becher Sauermilch, 1 Eßlöffel Öl, 1/2 Kaffeelöffel Senf und eine kräftige Prise Pfeffer. Anschließend mußt du noch 100 g gekochten Schinken würfeln und mit den Spaghetti und der Sauce mischen.

Flatterburger

Halbiere Brötchen, und bestreiche sie mit Kräuterkäse oder Wurst. Auf braunes Bastelpapier zeichnest du Fledermausflügel, schneidest sie aus, und schiebst je zwei Flügel zwischen die Brötchenhälften.

59

Fliegenpilze

Koche Eier hart (10 Minuten), schäle sie, und schneide die spitzen Eierenden ab. Halbiere kleine Tomaten, und klebe sie mit Majonäse auf die Eier. Auf die Pilzköpfe setzt du Majonäsetupfer.

Walpurgisnachtsuppe mit Krokodilaugen

Koche eine Gemüsecremesuppe. Dafür nimmst du einen Beutel Fertigsuppe und kochst sie nach der Anweisung auf der Packung. Die Suppe verteilst du auf Teller oder in Schüsselchen und bestreust sie mit gelben »Krokodilaugen«. Das sind kleine, runde Nudeln. Manchmal bekommt man sie im Geschäft unter dem Namen »Suppenperlen«. Aber nicht verraten!

Grüne Ratten

Du brauchst reife grüne Birnen, Mandeln und Rosinen. Zuerst rühre eine Schokoladensauce an (wie bei den Pfannkuchen). Schäle dann die Birnen, halbiere sie, und schneide die Kerngehäuse aus. Lege die Birnen mit der Schnittfläche nach unten in eine flache Schale. Jetzt machst du ihnen Augen aus Rosinen und Ohren aus Mandeln. Aus der Birnenschale schneide Rattenschwänze, und stecke sie in die »Rattenkörper«. Gieße die Schokoladensauce dazu.

Apropos Birnen: Auch aus Birnenhälften aus der Dose werden feine Ratten. Den Birnensaft für später aufbewahren.

Zauberhafte Getränke

Zauberbowle

Nimm einen großen Glaskrug oder eine Bowleschale. In das Gefäß kommen viele kleingeschnittene Früchte: z. B. Erdbeeren, Pfirsiche, Aprikosen, Birnen und Äpfel oder auch Früchtecocktail aus der Dose. Mit ein bis zwei Flaschen Limonade auffüllen.

Tip: Wenn du Zauberpulver (Brausepulver) drunter rührst, bekommt die Bowle geheimnisvolle Kräfte.

Dämonenelixier

Hast du den Birnensaft von den grünen Ratten aufgehoben? Er wird nun mit ein paar Zitronentropfen und einer Prise Zimt gemixt. Drei Nelken dazugeben und eine Stunde stehen lassen. Dann die Nelken herausfischen. In kleine Likörgläser je eine eingelegte Herzkirsche legen und etwas Elixier drübergießen. Ein Drink zum Empfang der Gäste!

Magischer Saft

Für ein Glas mixt du einen Eierbecher Pfefferminzsirup mit Mineralwasser und zwei Würfeln Eis. Mit roten Trinkhalmen servieren.

Liebestrunk

Dieses Getränk wird in hohen Gläsern serviert! Die Glasränder mußt du mit Zitronensaft einreiben und in ein Zuckerfaß stecken. Das gibt einen glitzernden Zuckerrand.
Vorsichtig Himbeersirup ins Glas gießen und mit Brause auffüllen.

Glühwürmchenwein

Früchtetee mit Himbeer- und Sommernachtsblumen-Aroma kochen und süßen. Kleine Zitronenschalenstückchen obenauf schwimmen lassen. Schmeckt heiß und kalt!

Und ich werde alle Kaninchen, die aus dem Hut kommen, freilassen. Tschüs!

Wenn ich zaubern könnte . . .

. . . würde ich mir ein Mountainbike zaubern, so schnell und rot wie das von meinem Freund.

. . . würde ich den Hausmeister in eine Maus verwandeln, weil er uns ständig das Fußballspielen vermiest.

. . . würde ich meinem Opa neue Zähne zaubern.

. . . würde ich für meine Mami viel Zeit zaubern, damit sie mir jeden Abend eine Geschichte vorlesen kann und nicht immer sagt: Ich bin beschäftigt, ich hab' keine Zeit!

. . . würde ich meinen Papi wegzaubern, wenn er mir bei den Hausaufgaben so grimmig über die Schultern guckt.

. . . würden alle Kinder auf der Welt immer genug zum Essen und Trinken haben.

. . . würde es keinen Krieg mehr geben, und alle Menschen könnten in Frieden schlafen.

. . . würde meine Freundin Nena einen neuen Papa bekommen. Dann hätten wir beide einen.

Quellenverzeichnis

GEORG FRIESENBICHLER, Der Zaubermeister, aus: Gerald Jatzek, »Wenn ich zaubern könnte«. © Neuer Breitschopf Verlag in der hpt-Verlags GmbH & CO KG, Wien 1993.

ERICH KÄSTNER, Fauler Zauber, aus »Gesammelte Schriften«, Atrium Verlag, Zürich 1959. © Erich Kästner Erben, München.

HANNA KRAAN, Der mißglückte Zaubertrank, aus: dies., »Böse Hex, liebe Hex«. © Benziger Edition im Arena Verlag, Würzburg 1994.

MARGARET MAHY, Der gute Zauberer vom Wald, aus: dies., »Zauberhexen – Hexenzauber«. © Herold Verlag, München 1991.

FRAUKE NAHRGANG, Die Zauberprüfung, aus: dies., »52 Zaubertage«. © Frauke Nahrgang.

GINA RUCK-PAQUÈT, Die verrückte Nacht. © Gina Ruck-Pauquèt.

JUTTA RADEL, Hexen-Geburtstage. © Jutta Radel.

Register